Inhalt

Veränderungen am deutschen Aktienmarkt

Kernthesen

Beitrag

Fallbeispiele

Weiterführende Literatur

Impressum

GENIOS WirtschaftsWissen Nr. 01/2003 vom 31.01.2003

Veränderungen am deutschen Aktienmarkt

M.Floßmann

Kernthesen

- Ab 01.Januar 2003 gibt es an der Frankfurter Wertpapierbörse mit dem Prime Standard und dem General Standard zwei Aktiensegmente mit unterschiedlichen Zulassungsvoraussetzungen bzw. Zulassungsfolgepflichten.
- Ebenfalls neu präsentieren sich ab 24.03.2003 die Aktienindizes der Deutschen Börse u. a. mit dem auf 50 Werte verkleinerten MDax sowie einen 30 Titel umfassenden TecDax, der faktisch den Nemax 50 ablösen wird. (5)
- Die deutschen Aktienindizes mit Ausnahme des Dax 30 sind künftig auch für

ausländische Emittenten zugänglich.
- Durch den für 31.03.2003 geplanten Start des neuen Aktienmarktes Nasdaq Deutschland sowie die Errichtung eines eigenen Handelssystems der Deutschen Bank wird es in Deutschland weitere konkurrierende Handelsplattformen für den Aktienmarkt geben. (1)

Beitrag

Neue Handelsplattformen

Das Jahr 2003 bringt für den Aktienhandel in Deutschland zahlreiche Neuerungen und Veränderungen mit sich. Ab Ende März 2003 ist mit der Geschäftsaufnahme der Nasdaq Deutschland eine weitere Handelsplattform vorhanden, die voraussichtlich Börsenpreise generieren wird. Beteiligt sind die Nasdaq Europe, die Börsen Berlin und Bremen, Commerzbank und Comdirekt sowie die Dresdner Bank.

Auch die Deutsche Bank bietet - zunächst den Kunden von Maxblue - die Abwicklung ihrer Wertpapiergeschäfte über ein eigenes Handelssystem an. Unter der Bezeichnung Price Improvement Service

(PIP) werden die Orders auf Weisung des Kunden außerbörslich zusammengeführt. (4)

Deutsche Börse AG

Primär steht derzeit jedoch die Deutsche Börse AG mit ihrer Neusegmentierung im Aktienbereich in der Diskussion. Die Frankfurter Wertpapierbörse ändert ihre Börsenordnung mit Wirkung zum 01.Januar 2003. Infolge der Neuerungen gibt es für Aktien damit zwei Segmente mit differenzierten Zulassungsvoraussetzungen. Unter der Bezeichnung Prime Standard werden (auf Antrag hin) Aktien notiert, die den höheren international geforderten Transparenzanforderungen entsprechen. Die Zulassung zum künftigen General Standard setzt die Erfüllung der national gültigen Vorschriften voraus, die bisher auch für den amtlichen und geregelten Markt Anwendung finden.

Damit einher geht eine Umstellung der Aktienindizes, deren Systematik künftig besser den Bedürfnissen der Investoren entsprechen soll. Die Deutsche Börse AG erwartet sich von den beschlossenen Veränderungen positive Auswirkungen auf das Vertrauen der Anleger sowie die Attraktivität des Kapitalmarktes.

Zeitplan:
Ab 01.Januar 2003 gilt die neue Börsenordnung. Per 31.01.2003 wird eine Rangliste aller für den Prime Standard zugelassenen Unternehmen, die für die neuen Indizes in Frage kommen, erstellt. Mitte Februar 2003 wird über die Zusammensetzung der Indizes entschieden, welche dann am 24.03.2003 erstmals berechnet werden.

Zulassung/Transparenzanforderun für den Prime Standard:

- konsolidierte Jahresabschlüsse nach IAS bzw. IFRS oder US-GAAP
- öffentliche Quartalsberichte mit Mindestangaben
- öffentlicher Unternehmenskalender
- jährliche Analystenkonferenz
- Ad hoc-Meldungen in englischer Sprache

Die Zulassung zum Prime Standard ist Bedingung für die Notierung im Dax, MDax, SDax und TecDax.

Aktienindizes der Deutschen Börse AG ab 2003 (2)

-Dax 30: Dieses Segment bleibt als Einziges von den Veränderungen unberührt und wie bisher ausschließlich deutschen Unternehmen vorbehalten.

-M-Dax: Der bisher 70 Werte umfassende MDax wird auf 50 Unternehmen verkleinert. Branchenmäßig bleibt der MDax weiterhin auf die Old Economy fokussiert. Neu hingegen ist jedoch die Öffnung für ausländische Emittenten.

-TecDax: Der TecDax tritt die Nachfolge des Nemax 50, der zur Abwicklung von auf den Nemax begebener Derivate, noch bis Ende 2004 berechnet wird, an. Zusammen mit dem MDax bietet der TecDax künftig die Plattform für Aufsteiger in den Dax. Der TecDax wird 30 Notierungen der New Economy umfassen und ebenfalls für ausländische Unternehmen offen sein. Die Kriterien zur Indexzugehörigkeit werden halbjährlich anhand Indexkapitalisierung bzw. Börsenumsatz überprüft. (6)

-SDax: Ergänzt wird die Indexlandschaft durch den 50 Werte umfassenden SDax. Der SDax ist auf kleinere börsennotierte Gesellschaften der Old Economy fokussiert.

Für den TecDax wie auch für den MDax und SDax wird es jeweils eine Kappungsgrenze von 10 % bezüglich der Gewichtung innerhalb des Index sowie eine Fast-Entry- bzw. Fast-Exit-Regelung geben. (6)

Im Prime Standard werden 18 Branchenindizes berechnet.
Zudem wird es den Prime-All-Share-Index sowie den CDAX geben. Letzterer bildet alle inländische Aktienwerte beider Segmente ab.
Schließlich veröffentlicht die Deutsche Börse vier weitere Indizes:

-Classic All Share: alle Unternehmen der klassischen Branchen unterhalb des Dax
-Technology All Share Index: alle Unternehmen aus dem Technologiebereich unterhalb des Dax
-Midcap Market Index: Mdax und TecDax
-HDax: Dax, MDax und TecDax (8)

Neuer Markt:

Der durch diverse Skandale in Verruf geratene Nemax 50 wird faktisch vom TecDax abgelöst. Die Deutsche Börse beabsichtigt den Neuen Markt (wie auch den SMax) zum 31.12.2003 zu beenden. Eine formale Berechnung des Nemax 50 wird voraussichtlich wegen laufender Derivate bis 31.12.2004 erfolgen. (3) Die bis 31.12.2003 im Neuen Markt verbliebenen Unternehmen werden dann automatisch im geregelten Markt (General Standard) notiert. Unternehmen, die derzeit eine Zulassung zum Neuen Markt besitzen und eine Zulassung zum Prime Standard anstreben, müssen ggf. aufgrund des Verbotes der Doppelnotierung ihre Zulassung zum Neuen Markt aufgeben.

Reaktionen

Die Neuordnung ist im Hinblick auf das durch die Vorkommnisse am Neuen Markt angeschlagene Image sicherlich sinnvoll. Dennoch beklagen Unternehmen ein unzureichendes Kommunikationsverhalten seitens der Deutschen Börse. (3)

Kritisch wird - vor allem durch die betroffenen Unternehmen - die von der Börse fallweise vorgenommene neue Branchenzuordnung gesehen. Überdies ist man bezüglich der vorgenommenen Zweiteilung der Werte unterhalb des Dax geteilter Meinung.

Fallbeispiele

Fresenius und Fresenius Medical Care werden von der Börse neu klassifiziert und im Zuge der neuen Indexsystematik den klassischen Branchen (Healthcare) zugeordnet. (9)

Die Deutsche Börse AG hat Szenario-Listen bezüglich der künftigen Zusammensetzung der Indizes veröffentlicht. Allerdings orientieren sich diese nur an der Marktkapitalisierung und (wie vielfach kritisiert) nicht am Börsenumsatz und sind somit nur bedingt aussagefähig.
Gemäß dieses Szenarios würden ca. 30 Unternehmen den Index wechseln. Hierfür gibt es prominente Beispiele. (10)

Laut Mitteilung der Börse am 13.12.2002 sind bisher 220 Anträge auf Aufnahme in den Prime-Standard eingegangen, wobei 62 bereits positiv beschieden wurden. (11)

Weiterführende Literatur

(1) Der neue Aktienmarkt nimmt am 31. März 2003 den Betrieb auf Bei der Akquise von Teilnehmern haben die Initiatoren vor allem bei kleineren Häusern

gute Karten - Großbanken bleiben skeptisch - "Nur den Stecker reinstecken"
aus Börsen-Zeitung, 26.11.2002, Nummer 228, Seite 3

(2) Der Nemax geht, der Tec-Dax kommt
aus Frankfurter Allgemeine Zeitung, 01.11.2002, Nr. 254, S. 19

(3) Neue Indexwelt bedroht MDax-Größen Deutsche Börse reduziert Kursbarometer um 20 Werte " Viele Firmen müssen in den SDax absteigen
aus FTD Financial Times Deutschland vom 01.11.2002, Seite 17

(4) Deutsche Bank als Börse aktiv
aus Frankfurter Allgemeine Zeitung, 29.10.2002, Nr. 251, S. 25

(5) MDax und SDax werden für ausländische Emittenten geöffnet Premium-Segment in 18 Branchen und 63 Untergruppen eingeteilt - Nemax 50 wird bis Ende 2004 weiterberechnet - Keine Kapitalisierungsuntergrenze geplant
aus Börsen-Zeitung, 01.11.2002, Nummer 211, Seite 3

(6) Deutsche Börse spezifiziert Regeln für den TecDax Halbjährliche Überprüfung - Kappungsgrenze von 10 Prozent - Weniger Wechsel als im Nemax 50 erwartet
aus Börsen-Zeitung, 14.12.2002, Nummer 242, Seite 3

(7) Deutsche Börse hat die Spielregeln geändert Nebenwerte-Fonds müssen sich auf die neue

Indexzusammensetzung der Deutschen Börse einstellen
aus Börsen-Zeitung, 02.11.2002, Nummer 212, Seite 5

(8) Börse plant vier neue Indizes
aus Frankfurter Allgemeine Zeitung, 26.11.2002, Nr. 275, S. 21

(9) Fresenius nicht im Tec-Dax
aus Frankfurter Allgemeine Zeitung, 14.11.2002, Nr. 265, S. 27

(10) Rund 30 Unternehmen werden den Index wechseln müssen
aus Frankfurter Allgemeine Zeitung, 01.11.2002, Nr. 254, S. 19

(11) 62 Emittenten aufgenommen Prime Standard
aus Börsen-Zeitung, 14.12.2002, Nummer 242, Seite 3

Impressum

Veränderungen am deutschen Aktienmarkt

Bibliografische Information der deutschen Nationalbibliothek

Die Deutsche Nationalbibliothek verzeichnet diese Publikation in der deutschen Nationalbibliografie; detaillierte bibliografische Daten sind im Internet über http://dnb.d-nb.de abrufbar.

ISBN: 978-3-7379-0667-8

© 2015 GBI-Genios Deutsche Wirtschaftsdatenbank GmbH, Freischützstraße 96, 81927 München, www.genios.de

Alle Rechte vorbehalten. Dieses Werk ist einschließlich aller seiner Teile – z.B. Texte, Tabellen und Grafiken - urheberrechtlich geschützt. Jede Verwertung außerhalb der Grenzen des Urheberrechtsgesetzes bedarf der vorherigen Zustimmung des Verlags. Dies gilt insbesondere auch für auszugsweise Nachdrucke, fotomechanische Vervielfältigungen (Fotokopie/Mikroskopie), Übersetzungen, Auswertungen durch Datenbanken oder ähnliche Einrichtungen und die Einspeicherung und Verarbeitung in elektronischen Systemen.